AF607162

POEMAS ETÉREOS

TORQUATO TASSO

POEMAS ETÉREOS

Edición de Rafael Lobarte Fontecha

VISOR LIBROS

VOLUMEN MCCLIII DE LA COLECCIÓN VISOR DE POESÍA

Título original: *Rime eteree*
Ilustración de cubierta: Jacobo Bassano, 1566

Isaac Peral, 18 - 28015 Madrid
www.visor-libros.com

ISBN: 978-84-9895-555-2
Depósito Legal: M-28257-2024

Impreso en España - Printed in Spain
Gráficas Muriel. C/ Investigación, n.º 9. P. I. Los Olivos - 28906 Getafe (Madrid)

PRÓLOGO

Torquato Tasso es, con bastante probabilidad, el poeta más grande que ha dado nunca la lengua italiana, lo cual es mucho más de lo que pueda parecer en principio, si se tienen en cuenta dos cuestiones notables: la primera, que el italiano es, sin duda, la lengua europea mejor dotada para la poesía y, la segunda, que en dicha lengua también escribieron figuras señeras de la literatura universal como Dante, Petrarca, Ariosto… Al igual que Rafael en el terreno de las artes plásticas, Tasso fue un hombre afortunado al tocarle en suerte vivir después de tan extraordinarios maestros.

Si bien Tasso está considerado, ante todo, como uno de los poetas épicos más relevantes de la historia, como autor de la *Gerusalemme liberata*, fue, y no en menor medida, un incomparable poeta lírico y dramático. Prueba de ello son sus *Rime* en tres volúmenes; la *Aminta*, el drama pastoril más bello del Renacimiento, o la singular tragedia *Il Re Torrismondo*. Al campo didáctico ha de ser asignada su última gran obra: *Le sette giornate del Mondo creato*.

Es autor, asimismo, de numerosos discursos y diálogos. Muchos de ellos versan en torno a su producción poética, a sus puntos de vista de carácter estético (*Conclusioni amorose*, *Discorsi dell'arte poetica e in particolare sopra il poema eroico*, etc.). Otros fueron escritos en defensa de la *Liberata*, que, a pesar de su enorme éxito, no careció de detractores (la *Apologia in difesa della Gerusalemme Liberata*, es el más significativo) y, finalmente, los hay de contenido filosófico, la mayoría de los cuales vieron la luz durante el periodo de su estancia en la prisión hospital de Santa Ana.

Corrector obsesivo e incansable, siempre insatisfecho, una y otra vez volvió sobre muchos de sus poemas. La propia *Liberata* fue de tal modo objeto de revisión, que acabó resultando la que él consideraba su obra maestra, la *Gerusalemme conquistata.*

Tasso fue, a la vez que escritor, un cortesano. Estamos en la Italia del Renacimiento, en la que proliferaban los centros políticos y culturales. Lo cierto es que se pasó la vida en un continuo ir y venir de ciudad en ciudad, buscando un patronazgo que se adecuara a sus merecimientos. Dos circunstancias de su biografía adquirieron con el tiempo un carácter casi legendario. Su relación con Leonora, la hermana del duque Alfonso II de Ferrara, dio pábulo a la existencia de unos amores desgraciados de los que se hará eco Lord Byron en su estupendo poema «El lamento de Tasso». Su estancia en prisión y su controvertida locura inspirarán la célebre ópera de Gaetano Donizetti que lleva su nombre.

* * *

Torquato Tasso nació en la bella Sorrento, localidad entonces ubicada en el virreinato español de Nápoles, el 11 de marzo de 1544. Era hijo de Bernardo Tasso, excelente poeta véneto y cortesano, y de Porzia de' Rossi, dama napolitana de familia noble y toscano origen.

Inició sus estudios en el colegio jesuita de Nápoles, donde permaneció hasta 1554. Será en 1560 cuando ingrese en la facultad de leyes de la universidad de Padua, si bien al año siguiente, con el permiso paterno, cursará ya estudios de filosofía y elocuencia, más afines a los gustos e intereses del joven poeta. Introducido en el séquito del cardenal Luigi d'Este, conoce a Lucrezia Bendidio, dama de Leonora, hermana del cardenal, las dos mujeres que tan importante papel desempeñaron en sus *Rime eteree.* Es ahora también cuando Torquato redacta, con tan solo 18 años, su primera composición épica, el poema caballeresco *Rinaldo*, dedicado a su benefactor.

Tras proseguir sus estudios por un corto espacio de tiempo en la universidad de Bolonia, de la que fue expulsado por haber escrito una sátira en contra de la propia institución, regresará a Padua en 1564, donde, al amparo de Scipione Gonzaga, entró a formar parte de «L'Accademia degli Eterei».

En 1565, nos encontramos al Tassino (sobrenombre del poeta para distinguirlo de su padre), ya en Ferrara. Allí pasó los mejores y los más amargos años de su existencia. En 1571 dejará el servicio del cardenal Luigi y, tras una breve estancia en Roma, al año siguiente pasará al del duque Alfonso II, manteniendo con las hermanas de ambos, Lucrezia y Leonora, una estrecha relación, si bien meramente cortesana.

Esta es la época en la que comienza la redacción de un poema épico sobre la primera cruzada, que en un primer momento se tituló *Gottifredo*, y escribe *Aminta*, su primera obra maestra, un drama pastoril de una extraordinaria perfección y belleza.

En 1575, a la edad de 30 años, Tasso ya había concluido la redacción de su más célebre obra, la *Jerusalén liberada.* No obstante, el poeta no se sentía satisfecho con su contenido, debido a escrúpulos de conciencia y al temor de que el poema no fuera del agrado de la Inquisición; no podemos olvidar que estamos en plena Contrarreforma. Con todo, la *Liberata* vería la luz, sin el beneplácito de su autor, en 1580, alcanzando desde el primer momento un extraordinario éxito. Épica clásica y romance caballeresco, siguiendo la estela de Ariosto, alcanzan en esta nueva obra maestra un perfecto equilibrio.

A partir de ahora Tasso empieza a sentirse incómodo en la corte ferraresa, donde, parece ser, no se sentía suficientemente valorado. Por otra parte, diversos acontecimientos, entre los que cabe destacar ciertas pendencias con otros cortesanos, los excesivos escrúpulos religiosos que incluso lo llevarían a autoinculparse ante la misma Inquisición, acusando a la vez a miembros poderosos de la corte, obligaron al duque a meterlo en la cárcel. Asimismo, las cartas de ese periodo reflejan un estado mental, más que preso de la locura, maniático y depresivo.

El caso es que Tasso no tuvo otra salida que la fuga para escapar de su encierro. Tras volver a Ferrara una vez perdonado por el duque, en 1579 es de nuevo encarcelado, ahora en el «Ospedale di Sant'Anna», luego de verter sobre Alfonso II graves acusaciones. Allí permaneció hasta 1586. Los tres primeros años en una reclusión absoluta; a partir de 1580 la situación del poeta mejoró. Será entonces cuando la *Liberata* conozca una segunda edición, que ya contó con una cierta supervisión de Tasso.

En 1586 es definitivamente liberado y abandona para siempre Ferrara. A partir de este momento, inicia un continuo peregrinaje en busca (casi siempre sin lograrlo, pues llevó por lo general una vida bastante penosa), de una mayor libertad personal y creativa, lo que, junto a los sufrimientos inmerecidamente padecidos durante su encarcelamiento, lo convertirían en un icono del Romanticismo.

En la corte de Mantua, concluye una tragedia singular en muchos aspectos y con derecho a figurar entre lo mejor de su producción: *El rey Torrismondo*, que fue publicada en 1587. En 1591, de nuevo a orillas del Mincio, realiza una profunda revisión de la *Gerusalemme liberata*, que concluirá en Nápoles al año siguiente, dando origen a la *Jerusalén conquistada*, que vio la luz en Roma en 1593. Se trata de otra obra de nuevo excepcional, pero que nunca ha gozado de la alta valoración que merece, debido a la inevitable comparación con su exitosa hermana mayor. En ella Tasso se propuso potenciar los valores cristianos propios de la Contrarreforma y someterse a una estética más clasicista, en particular más homérica; de todos modos, los rasgos propios de la poesía caballeresca no desaparecerán, ni mucho menos, del todo. Al mismo tiempo, organiza su abundante producción lírica en tres volúmenes y concibe una última obra poética de matriz bíblica, desengañada y admirable: *Los siete días de la creación del mundo.*

Torquato Tasso murió en Roma el 25 de abril de 1595, apenas cumplidos los 51 años, a la misma edad que su admirado Virgilio.

* * *

La «Accademia degli Eterei» fue inaugurada el 1 de enero de 1564, bajo el patrocinio de Scipione Gonzaga, en la ciudad de Padua. Las sesiones tenían un carácter quincenal y estaban dedicadas al estudio y recitación de obras poéticas. Tasso participó en ellas a la vuelta de su corta estancia en la universidad de Bolonia. En 1566, la Academia publicó una antología con poemas escritos por sus miembros titulada *Rime degli Academici Eterei*. El libro se editó en Venecia y en él participó Tasso, aportando el mayor número de composiciones. Mención especial merece la presencia de Giovanni Battista Guarini, otro excelente poeta, en dicha empresa.

El Tassino parece haber sido muy consciente, desde el primer momento, de la importancia de presentar una selección de su trabajo poético, que redundara en beneficio tanto de su carrera literaria como cortesana, y mostró un gran cuidado en su estructura y disposición, como muestra el hecho de añadir a muchos de los poemas un «argumento» explicativo y que en ella quepa advertirse un indudable alarde técnico y formal, con la presencia de sonetos, madrigales y canciones.

Las *Rime eteree* señalan una primera fase en la evolución de las *Rime* del poeta sorrentino. Los pasos subsiguientes serán el autógrafo *Chigiano*, redactado entre 1583 y 1585, y la edición impresa *Osanna* de 1591. No obstante, Tasso ya había publicado algunos poemas con anterioridad. A modo de ejemplo, las composiciones 2, 10, 11 y 35, formaron parte de una antología publicada por Dionigi Atanagi en 1565.

La selección está concebida, a la manera petrarquista, como un cancionero, aunque resulte mucho más breve. De las cuarenta y dos piezas que la conforman, la mayor parte (desde el soneto 1 al 33), giran en torno a sus amores con Lucrecia Bendidio, son poemas pues, de temática amorosa. Este núcleo conceptual está constituido por treinta y un sonetos y dos madrigales (Tasso está considerado como el madrigalista por antonomasia de la poesía italiana) y la canción número 41, que trata de las bodas de su dama con un rival.

El final de la antología consiste en el único poema que hay en ella de tema sacro y dos «canzone», los textos más largos y más complejos estructuralmente, a la vez que más innovadores, al parecer de la crítica. De todos modos, el soneto 40, más que una repulsa de la temática amorosa al modo de Petrarca, supone, por el contrario, la aceptación definitiva del sentimiento amoroso, aunque ahora en un plano más elevado.

Las composiciones 34, 35 y 42 son poemas de encomio; los tres tienen, sin embargo, un contenido marcadamente autobiográfico. El primero conmemora su adscripción a la Academia; el segundo su estancia con anterioridad en Urbino; el tercero puede ser considerado, sin duda, como el broche de oro de la selección: dedicado a Leonora d'Este, refleja el nuevo horizonte que se abría al joven poeta en la corte de Ferrara.

La antología también incluye piezas que podrían parecer un tanto de circunstancia, pero que, con todo, contienen temas recurrentes a lo largo del poemario. Así, en los sonetos 36 y 37 reaparecen los motivos eróticos, ya que están dedicados al diálogo de Brunoro Zampeschi *L'innamorato*; el 38 y el 39, por su parte, dedicados a Scipione Gonzaga y

Leonora respectivamente, tienen un carácter metapoético, que los relaciona estrechamente con otras piezas del cancionero de temática similar.

Sorprendentemente, faltan en la antología el asunto funerario, esencial en el cancionero petrarquista, y el político o político-religioso. Tampoco se han seleccionado poemas de correspondencia, tan del gusto de la época. El resultado de estas carencias es, no obstante, una fuerte concentración temática.

Dentro del núcleo principal, el amoroso, se pueden establecer dos subdivisiones: el tema del enamoramiento se extiende desde el soneto 1 al 12, y el de las tristezas amorosas del 15 al 33. Este último implica una rendición incondicional a la amada, cuestión que será ampliada en la canción 41. Los dos madrigales dividen ambas secciones. Asimismo, son perceptibles en él una serie de elementos estructurales que, en su recurrencia, le confieren una gran unidad. Entre los más relevantes son de señalar el motivo de la voz-canto-poesía (el mismo enamoramiento no parte de los ojos, como es lo tradicional, sino del oído), el de «madonna» deificada como diosa solar, al que corresponde la mudez y veneración por parte del poeta; igualmente son significativos los diversos encuentros entre los amantes, los viajes de la dama (motivo de la separación), y el poder, soberbia y falsedad de esta (que encuentra su contrapartida en el despecho y venganza del amante). A todos ellos cabría añadir, por su especial significación, el tema del envejecimiento (curioso es el soneto 29 dedicado a una anciana aguafiestas) o el de la gloria que depara la poesía.

Pero no todos los asuntos son tan tradicionales. Existen otros que se apartan un tanto de la convención: «madonna» ofrece al poeta un don tan escasamente poético, en principio, como una ensalada, o se le aparece en sueños, como Beatriz a Petrarca, no muerta sino viva.

Otro elemento estructural destacable es la disposición de muchos sonetos en dípticos y trípticos dentro de esta sección. Bellísimo es el díptico del espejo (8 y 9); sobresaliente el del viaje fluvial de Laura a Venecia (10 y 11). El tríptico sobre el envejecimiento pone en contraste lo efímero de la juventud y la belleza, y la inmortalidad que ofrece la poesía. El constituido por 30-31-32 subraya la venganza y despecho del amante ante la crueldad de la dama. Sin embargo, este desemboca en una palinodia (33): el poeta se retracta de las afirmaciones vertidas en los tres sonetos anteriores, formando entre los cuatro una suerte de «ring composition».

Los influjos que pueden apreciarse en este primer cancionero tassiano tienen un triple origen. En primer lugar, los provenientes de la Antigüedad clásica: Virgilio, Ovidio, Horacio y Propercio. En un segundo, Petrarca y sus seguidores, entre los que hay que destacar a Bembo, Guidiccioni, su padre Bernardo Tasso, y, sobre todo, Giovanni della Casa. Finalmente, son de resaltar los del Dante lírico y los del Dante autor del «Paradiso». En efecto, el motivo solar y lumínico, derivado de la filosofía neoplatónica y, de igual modo, preponderante en todos los demás miembros de la Academia, es ubicuo a lo largo de todo el libro.

Como todos estos influjos eran evidentes para un lector culto de la época, la gracia consistía en observar el modo en que cada poeta confería un tratamiento original a temas obligados, para lo cual dos eran los instrumentos esenciales: el lenguaje y el estilo.

La lengua de las *Rime eteree* es de una gran naturalidad; se trata de un italiano prácticamente moderno, de una musicalidad extraordinaria, que utiliza una sintaxis de escasa complicación y llena de armonía. Y eso, a pesar del empleo de todo tipo de figuras retóricas (quiasmos, anáforas, figuras etimológicas, y un largo etcétera), como no podía ser de otro modo en pleno Renacimiento. Entre ellas cabría hacer una mención especial al encabalgamiento. Por influjo de Della Casa, Tasso hizo un gran uso de él en este periodo, no tanto por dar énfasis, como su maestro, cuanto por obtener la continuidad melódica de unos versos, que resultan de una gran tersura y brillantez.

El léxico es siempre selecto, elegante, nunca afectado, y en él predominan, de nuevo, los valores fónicos. Las rimas, también las internas, bastante numerosas, son de una gran riqueza y variedad, tratadas, muchas veces, de un modo preciosista. Esta singular importancia concedida a la sonoridad del verso pudo haber sido debida, probablemente, a que los poemas se leían en voz alta durante las sesiones de la Academia. A esto mismo, tal vez, obedezca una tendencia muy marcada a cerrar las composiciones con un epifonema.

* * *

Tasso publicó sus *Rime eteree* en un momento especialmente dulce de su vida. Era un poeta aún muy joven, pero que había escrito con tan solo dieciocho años, y publicado con éxito, un poema épico de la talla del *Rinaldo*, ante el que se abrían grandes expectativas en la carrera cortesana, y que estaba profundamente enamorado, hecho no baladí, pues es el que dota a estos poemas de emoción y autenticidad, y los aleja radicalmente del cliché y el estereotipo.

Si bien es cierto que, con posteridad, sometió a estas composiciones a una revisión más o menos profunda según los casos, resulta innegable que en ellas ya se muestra toda la fuerte personalidad de su autor, la innegable singularidad de su estilo, el maravilloso poder y la modernidad de su palabra y, en fin, todo su genio.

Aunque su obra fuera muy admirada en el Siglo de Oro español y haya sido venerada por grandes escritores que en la actualidad gozan de gran prestigio en nuestro país, poetas de la talla de Milton, Goethe, Byron o Leopardi, Torquato Tasso ha tenido muy poca fortuna en España en épocas recientes. De hecho, no existía hasta este mismo otoño, en que por fin se ha publicado la traducción de José María Micó, una versión moderna de calidad ni siquiera de la *Jerusalén liberada*. La poesía italiana no parece gozar de mucho interés para nuestras editoriales, a excepción de Dante y su *Divina Comedia*, que se traduce de un modo obstinado y un tanto obsesivo, algo sorprendente en una obra tan compleja, que, de entrada, no parece apta para todos los públicos. Sirva este trabajo, pues, para que el lector español se inicie en el conocimiento de la lírica de uno de los poetas mejor dotado de toda la literatura universal y, sin duda, la figura más señera del Renacimiento europeo.

* * *

Para la traducción de estos *Poemas etéreos*, me han servido de inestimable ayuda dos ediciones de la obra: la primera a cargo de Rossano Pestarino, Parma, Fondazione Petro Bembo/Ugo Guanda Editore, 2013, y la segunda a cargo de L. Caretti, Parma, Zara, 1990. También me gustaría señalar que, en ella, he tratado de ser lo más fiel posible al original, tanto en el metro (los endecasílabos y heptasílabos italianos han sido vertidos a esos mismos metros en lengua española), como en los rasgos más sobresalientes del estilo de Tasso, que es lo que hace de su lírica algo excepcional. A este respecto, el lector habrá de tener en cuenta que se trata de la poesía escrita por un poeta del siglo XVI y no por un contemporáneo. Fidelidad que no se ha querido mantener en el caso de las rimas por dos razones: la primera, por el inevitable riesgo de caer en el ripio y, la segunda, porque la destreza de Tasso en esta materia es intraducible. Finalmente, quisiera agradecer a Marisa Lamarca sus siempre inteligentes aportaciones en la corrección de este trabajo. *Vale.*

RAFAEL LOBARTE FONTECHA
Zaragoza, 12 de octubre de 2024

RIME ETEREE

POEMAS ETÉREOS

I

Havean gli atti leggiadri e 'l vago aspetto
già rotto il gelo ond'armò sdegno il core,
e le vestigia de l'antico ardore
conoscea già dentro al cangiato petto;

e nutrir il mio mal prendea diletto
con l'esca dolce d'un soave errore:
sì mi sforzava il lusinghiero Amore,
che s'havea ne' begli occhi albergo eletto;

quand'ecco novo canto il cor percosse,
e spirò nel suo foco, e 'n lui più ardenti
rendé le fiamme da' bei lumi accese.

Né crescer sì, né sfavillar commosse
vidi mai faci a lo spirar de' venti,
come il mio incendio allhor forza riprese.

I

Había hermoso porte y bellos actos
ya roto el hielo que el desdén armara
y los vestigios del ardor antiguo
dentro advertía del cambiado pecho;

y de nutrir mi mal sentía agrado
al cebo dulce de un error suave,
—tal Amor me obligaba lisonjero,
que su albergue eligiera en bellos ojos—,

cuando en el corazón dio un canto nuevo
y en su fuego sopló[1] y más ardiente hizo
la llama que encendieron bellas luces[2].

Ni así crecer, ni fulgurar movidas
vi nunca teas al soplar del viento,
cual retomó mi incendio entonces fuerza.

---

[1] En el fuego del corazón.
[2] Los ojos de la dama.

II

Su l'ampia fronte il crespo oro lucente
sparso ondeggiava, e de' begli occhi il raggio
al terreno adducea fiorito maggio,
e luglio ai cori oltra misura ardente;

nel bianco seno Amor vezzosamente
scherzava, e non ardia di fargli oltraggio,
e l'aura del parlar cortese e saggio
fra le rose spirar s'udia sovente.

Io, che forma celeste in terra scorsi,
rinchiusi i lumi e dissi: «Ahi, come è stolto
sguardo che 'n lei sia d'affissarsi ardito!»

Ma de l'altro periglio non m'accorsi,
ché mi fu per l'orecchie il cor ferito,
e i detti andaro ove non giunse il volto.

II

En la ancha frente el crespo oro brillante
suelto ondeaba, y el rayo de los ojos
mayo florido al campo le traía,
y al corazón julio en exceso ardiente;

en blanco seno Amor con gentileza
jugaba sin osar hacerle ultraje,
y el aura de la voz cortés y sabia
a menudo se oía entre las rosas[3];

yo, que advertí celeste forma en tierra,
cerré los ojos. Dije: «¡Ay, qué ignorante
es el mirar que ose clavarse en ella!».

Mas no me percaté de otro peligro
que a través del oído hirió mi pecho,
y el decir alcanzó donde no el rostro.

---

[3] Las mejillas de la dama.

III

Ninfa onde lieto è di Diana il choro
fiori coglier vid'io su questa riva;
ma non tanti la man cogliea di loro,
quanti fra l'herbe il bianco piè n'apriva.

Ondeggiavano sparsi i bei crin d'oro
ond'Amor mille e mille lacci ordiva,
e l'aura del parlar dolce ristoro
era dal foco che dagli occhi usciva.

Fermò la Brenta per mirarla il vago
piede, e le feo del suo cristallo istesso
specchio a' bei lumi et a le treccie bionde.

Poi disse: «Al tuo partir sì bella imago
partirà ben, Ninfa gentil, da l'onde,
ma 'l cor fia sempre di tua forma impresso».

III

Ninfa que alegre hace de Diana al coro,
las flores coger vi por esta orilla,
mas no tantas la mano iba cogiendo
cuantas el blanco pie abría entre la hierba.

Suelto ondeaba el bello pelo de oro
con que Amor mil y mil lazos urdía
y el aura del hablar dulce alivio era
del fuego que salía de los ojos.

Detuvo el Brenta[4] por mirarla el vivo
pie, y fue con su cristal mismo el espejo
de bellas luces[5] y de rubias trenzas.

Y dijo: «Al partir tú, tan bella imagen
partirá, gentil ninfa, de las ondas,
mas seguirá en el corazón impresa».

---

[4] Río italiano que pasa por Padua.

[5] De nuevo metonimia por «ojos», muy recurrente en la antología.

IV

Sonetto di ritorno.

Fuggite egre mie cure, aspri martiri,
sotto i'l cui pondo giacque oppresso il core,
ché per albergo hor lo destina Amore
a le sue gioie, a' suoi dolci desiri.

Sapete ben che quand' avien ch'io miri
que' soli accesi di celeste ardore,
non sostenete voi l'alto splendore
né 'l fiammeggiar di duo cortesi giri,

ma via fuggite, qual notturno e fosco
stormo d'augelli innanzi al dì che torna
a rischiarar questa terrena chiostra.

E già, s'a certi segni il ver conosco,
vicino è 'l sol che le mie notti aggiorna,
e veggio Amor che me l'addita e mostra.

IV

Soneto del regreso.

Huid tristes penas, ásperos martirios
con cuya carga se oprimió mi pecho,
que para albergue Amor hoy lo destina
de sus placeres, de deseos dulces.

Sabéis que cuando ocurre que yo miro
soles[6] ardiendo de un fulgor celeste,
no sostenéis el esplendor tan alto
del llamear de dos corteses giros[7],

mas, ea, huid, como nocturna y negra
bandada de aves cuando el día torna
a iluminar este terreno claustro[8].

Y si por signos la verdad conozco,
ya viene el sol que hace mis noches día,
y veo a Amor que me lo indica y muestra.

---

6 Los ojos de la dama.

7 Las miradas de la dama. El verso se podría pues, también traducir: «del llamear de su cortés mirada».

8 Se refiere al mundo. Metáfora muy grata a Tasso.

V

Veggio, quando tal vista Amor m'impetra,
sovra l'uso mortal Madonna alzarsi,
tal ch'entro chiude le gran fiamme ond'arsi
riverenza: e stupor l'anima impetra.

Tace la lingua allhora, e 'l piè s'arretra,
e i miei sospir son chetamente sparsi:
pur nel pallido volto può mirarsi
scritto il mio affetto, quasi in bianca petra.

Ben ella il legge, e 'n dir cortese e pio
m'affida, e forse perch'ardisca e parle,
di sua divinità parte si spoglia.

Ma sì quest'atto adempie ogni mia voglia
ch'io più non cheggio, e non ho che narrarle:
ché quanto unqua soffersi allhora oblio.

V

Veo, cuando tal vista Amor me ruega[9],
sobre el uso mortal mi dama alzarse
tal, que el gran fuego en el que ardí lo encierra[10]
respeto, y estupor mi alma endurece.

Calla la lengua ya, el pie retrocede,
quietamente se esparcen mis suspiros;
en el pálido rostro puede verse
mi ánimo escrito como en blanca piedra[11].

Bien lo lee y, con voz cortés y pía,
me da confianza y, para que ose y hable,
de su deidad en parte se despoja.

Pero esto tanto colma mi deseo,
que más no pido y no hallo qué contarle,
que cuanto alguna vez sufrí lo olvido.

---

[9] En el sentido de «ruega en mi favor».

[10] En el corazón.

[11] La imagen parece incluir un sentido sepulcral.

VI

Fa voto ad Amore di offrirgli una cordella, la quale egli havea involata alla sua donna, se gli concederà mai che posa vagheggiarla da presso, e danzar con esso lei

Amor, se fia giammai che dolce i' tocchi
il terso avorio de la bianca mano,
e 'l lampeggiar del riso humile e piano
veggia d'appresso, e 'l folgorar degli occhi;

e notar possa come quindi scocchi
lo stral tuo dolce, e mai non parta in vano,
e come al cor dal bel sembiante humano
d'amorose faville un nembo fiocchi;

tuo fia questo legame ond'hora il braccio
non pur, ma via più stretto il core avolgo:
caro furto, onde 'l crin Madonna cinse.

Gradisci il voto, ché più forte laccio
da man più dotta ordito alma non strinse:
né perch'a te lo doni, indi mi sciolgo.

VI

Hace voto a Amor de ofrecerle una cuerdecilla que había robado a su dama, si le concede poder cortejarla de cerca y danzar con ella.

Amor, si alguna vez dulce[12] yo toco
el marfil terso de la blanca mano
y destellar la risa humilde y llana
veo de cerca y fulgurar los ojos,

y escribir puedo cómo se dispara
la flecha tuya dulce, y nunca en vano,
y al corazón desde un humano rostro
de amorosas centellas nimbo nieva;

tuya será la cinta con que el brazo
no solo, el corazón aun más rodeo:
hurto con que ciñó el pelo mi dama.

Aprecia el voto, que más fuerte lazo,
por mano hecho más docta, no apretó alma,
ni porque te lo dé, yo de él me suelto.

---

[12] A «dulce» hay que concederle un sentido adverbial, como sucede en el original italiano.

VII

Il ballo della torcia usitatissimo in molte parte d'Italia, suole esser l'ultimo in ordine fra tutti gli altri balli che si facciano nella festa, et è riposto nell'arbitrio de ciascuna persona nelle cui mani pervenga la torcia, ammorzandola, terminar quella danza e la festa insieme; et in tal occasione fu fatto questo sonetto, perochè una gentildonna con troppo importuna fretta estinguendola, impose fine a quel piacevole trattenimento.

Ove tra care danze in bel soggiorno
si traehan le notturne e placid'hore,
face, che nel suo foco accese Amore,
lieto n'apriva a mezza notte il giorno;

e da candide man vibrata intorno
spargea faville di sì puro ardore,
che rendea vago d'arder seco il core,
e scherzar, qual farfalla, al raggio adorno;

quand'ecco a te, man cruda, offerta fue,
e da te presa e spenta: e ciechi e mesti
restar mill'occhi a lo spirar d'un lume.

Ahi, come allhor cangiasti arte e costume:
tu, ministra d'Amor, tu, che le sue
fiamme suoli avvivar, tu l'estinguesti.

VII

El baile de la antorcha, muy común en muchas partes de Italia, suele ser el último de todos los bailes en una fiesta. Y se deja al arbitrio de cualquier persona a cuyas manos llegue la antorcha el que, apagándola, concluya esa danza y la fiesta a la vez. Y en ocasión semejante fue hecho este soneto, porque una dama con demasiada importuna prisa extinguiéndola, dio fin a aquel agradable entretenimiento.

Mientras con bailes en hermosa estancia
transcurrían nocturnas, gratas horas,
antorcha, que encendió Amor en su fuego,
abría alegre a medianoche el día;

y blandiéndola en torno blanca mano
partían chispas de un ardor tan puro
que el corazón deseaba arder con ella
y jugar, mariposa, en bello rayo;

cuando a ti fue ofrecida, mano cruda,
y, presa, la apagaste: y ciegos, tristes,
sin esa luz, mil ojos se quedaron.

Cómo entonces cambiaste arte y costumbre:
tú, criada de Amor, tú que sus llamas
sueles siempre avivar, las extinguiste.

VIII

Hebbe in gratia l'Autore di tenere lo specchio inanzi alla sua donna, mentr'ella s'adornava il capo; onde ne compose questo e 'l seguente sonetto.

Ai servigi d'Amor ministro eletto,
lucido specchio anzi 'l mio sol reggea,
e specchio intanto a le mie luci i' fea
d'altro più chiaro e più gradito oggetto.

Ella al candido viso et al bel petto,
vaga di sua beltà, gli occhi volgea,
e le dolci arme onde di morte è rea
affinar contra me prendea diletto.

Poi, come terse fiammeggiar le vide,
ver me ratta girolle, e dal bel ciglio
m'aventò al cor più d'un pungente strale.

Lasso, ch'io non previdi il mio periglio.
Hor, se Madonna a' suoi ministri è tale,
quai fian le piaghe onde i rubelli ancide?

VIII

Hubo en gracia el autor el sostener el espejo ante su dama, mientras ella se adornaba la cabeza, por lo que compuso este y el siguiente soneto.

Al servicio de Amor criado electo,
lúcido espejo ante mi sol tenía
y espejo en tanto hacía yo a mis ojos
de otro objeto más claro y agradable.

Ella al cándido rostro, al bello seno
deseosa volvía la mirada
y aquellas dulces armas de homicida
placer hallaba contra mí aguzando.

Y como llamear tersas las viera,
hacia mí las giró y de la pestaña
lanzó a mi corazón punzantes dardos.

Fui un infeliz al no prever el riesgo.
Y si mi dama es tal con sus criados,
¿qué llagas matarán a los rebeldes?

IX

Chiaro cristallo a la mia donna offersi
sì ch'entro vide la sua bella imago
qual a punto il pensier formarla è vago
e qual procuro di ritrarla in versi.

Ella da' pregi suoi tanti e diversi
non torcea 'l guardo di tal vista pago,
gli occhi mirando, e 'l dolce avorio e vago
del seno, e i capei d'or lucidi e tersi.

E parea fra sé dir: «Ben veggio aperta
l'alta mia gloria, e di che duri strali
questa bellezza mia l'alme saette»,

Così pur, ciò ch'un gioco anzi credette,
mirando l'armi sue si fé poi certa
quai piaghe habbia il mio core aspre e mortali.

IX

Claro cristal yo le ofrecí a mi dama
de modo que en él vio su bella imagen
cual la mente desea darle forma
y cual procuro figurarla en verso.

En sus méritos tantos y distintos
fijaba la mirada satisfecha:
en los ojos y el dulce marfil bello
del busto, y el pelo de oro terso y lúcido.

Parecía decirse: «Abierta veo
mi alta gloria y con qué dardos tan fuertes
las almas mi belleza asaetea».

Así, lo que antes un juego creía,
viendo sus armas, conoció las llagas
penosas y mortales de mi pecho.

X

Scrisse questo sonetto nella partenza d'una persona amata, la quale di Ferrara se n'era ita in Venetia, esortando poeticamente il Po a voler ricuperare ciò che dal mare gli era stato involato.

Re degli altri, superbo, altero fiume,
che qualhor esci del tuo regno, e vaghi,
atterri ciò ch'opporsi a te presume,
e l'ime valli e l'alte piagge allaghi;

vedi che i Dei marini, il lor costume
serbando, i Dei sempre di preda vaghi,
rapito han lei ch'era tua gloria e lume,
quasi il tributo usato hor non gli appaghi.

Deh, tuoi seguaci homai contra 'l Tiranno
Adria solleva, e pria ch'ad altro aspiri,
racquista il sol che 'n queste sponde nacque.

Osa pur, che mill'occhi a te daranno
mille fiumi in soccorso, e de' sospiri
il foco al mar torrà la forza e l'acque.

X

Escribió este soneto con motivo de la partida de una persona amada, la cual desde Ferrara había ido a Venecia, exhortando poéticamente al Po a que recuperara aquello que el mar le había robado.

Rey de todos, soberbio, altivo río,
que a veces sales de tu reino y vagas,
aterras lo que a ti intenta oponerse
y el hondo valle y la alta cuesta inundas;

mira cómo los dioses del mar, su uso
siguiendo, dioses ávidos de presa,
han raptado a quien fue tu luz y gloria,
cual si habitual tributo no bastara.

Ay, a tus afluentes ya contra el tirano
Adriático alza y, sin que a más aspire,
recobra el sol nacido en esta orilla.

Atrévete, que te darán mil ojos
mil ríos como ayuda, y de suspiros
fuego que al mar le quite fuerza y agua.

XI

Mentre la sua donna dimorava in Venetia scrisse questo sonetto, narrando poeticamente gli effetti ch'ella operava nel mare.

I freddi e muti pesci avezzi homai
ad arder sono et a parlar d'amore,
e tu Nettuno, e tu Anfitrite hor sai
come rara bellezza allacci un core,

da che 'n voi lieto spiega i dolci rai
il sol che fu di queste sponde honore;
il chiaro sol cui più devete assai
ch'a l'altro uscito del sen vostro fuore.

Ché quegli ingrato, a cui non ben soviene
com'è da voi cortesemente accolto,
v'invola il meglio, e lascia 'l salso e 'l greve.

Ma questi con le luci alme e serene
v'affina e purga, e rende il dolce e 'l leve,
e molto più vi dà che non v'è tolto.

XI

Mientras su dama moraba en Venecia, escribió este soneto narrando poéticamente los efectos que ella obraba en el mar.

Ya los fríos y mudos peces tienen
la costumbre de arder y hablar de amores,
y sabéis tú, Neptuno, y tú, Anfitrite,
cómo ata un corazón rara belleza;

que en vosotros despliega dulces rayos
el sol que fue el honor de estas orillas,
el claro sol al que debéis bastante
más que al otro que surge en vuestro seno.

Pues ese, ingrato, que jamás se acuerda
de cómo lo acogéis con cortesía,
lo bueno os roba, no lo amargo y grave.

Este con luces almas y serenas
afina y purga, y da lo dulce y leve,
y otorga mucho más de lo que os quita.

XII

Gli furo donate dalla sua donna alcune herbe raccolte in insalata, le quali sendo state cultivate dalle propie mani di lei, gli diedero occasione de comporre il presente sonetto.

Herbe felici, che già in sorte haveste,
di vento in vece e di temprato sole,
il raggio di duo luci accorte honeste
e l'aura di dolcissime parole;

che già dal bianco piè presse cresceste,
e qualhor più la terra arsa si duole,
pronta a scemar il vostro ardor vedeste
la bella man che i cori accender suole;

ben sete dono aventuroso e grato
ond'addolcisco il molto amaro, e satio
il digiuno amoroso a pieno i' rendo.

Già novo Glauco in ampio mar mi spatio
d'immensa gioia, e 'l mio mortale stato
posto in oblio, divina forma i' prendo.

XII

Le fueron ofrecidas por su dama algunas hortalizas dispuestas en ensalada, las cuales, habiendo sido cultivadas por su propia mano, dieron al poeta ocasión de componer el presente soneto.

Hortalizas dichosas que obtuvisteis,
como si fueran viento y sol templado,
rayo de doble luz[13] sabia y honesta
y el aura de dulcísimas palabras,

pues debajo del blanco pie medrasteis
y, cuando arde la tierra más doliente,
pronta a hacer menguar vuestro ardor visteis
bella mano que enciende corazones;

sois un regalo venturoso y grato
con el que endulzo el amargor y colmo
el ayuno amoroso plenamente.

Ya nuevo Glauco en ancho mar me muevo
de inmenso gozo y, puesta en el olvido
mi condición mortal, divina tomo.

---

[13] De nuevo la vista, los ojos de la dama.

XIII

Poi che Madonna sdegna,
fuor d'ogni suo costume,
volger in me de' suoi begli occhi il sole,
qualch'arte, Amor, m'insegna,
ond'io del vago lume
alcun bel raggio ascosamente invole,
e gli occhi egri console.
Né giusto fia che teco ella se 'n doglia:
ché, se furommi il core,
fia 'l mio furto minore
quando in dolce vendetta un guardo i' toglia.

XIII

Pues mi dama desdeña,
aunque no es su costumbre,
dirigir hacia mí sus bellos ojos,
un arte, Amor, enséñame,
con que del bello sol
hermoso rayo ocultamente robe
y mis ojos consuele.
Que contigo se enfade será injusto;
pues me hurtó el corazón,
menor mi hurto será
cuando en venganza una mirada tome.

XIV

Amor l'alma m'allaccia
di dolci aspre catene:
né mi doglio io per ciò, ma ben l'accuso
che mi leghi et affrene
la lingua, acciò ch'io taccia,
anzi a Madonna timido e confuso,
e 'n mia ragion deluso.
Sciogli, pietoso Amore,
la lingua, e se non vuoi
che mi stringa un sol men de' lacci tuoi,
tanti n'aggiungi in quella vece al core.

XIV

Dulces cadenas ásperas
de Amor, mi alma sujetan.
No me duelo por ello, mas lo culpo
de que me ligue y frene
la lengua y así calle
ante mi dama tímido y confuso,
aun teniendo razones.
Suelta, piadoso Amor,
la lengua y, si no quieres
que menos lazos haya que me aprieten,
al corazón añade los que aflojes.

XV

Aura ch'hor quinci intorno scherzi e vole
fra 'l verde crin de' mirti e degli allori,
e destando ne' prati i vaghi fiori
con dolce furto un caro odor n'invole;

deh, se pietoso spirto in te mai suole
svegliarsi, lascia i tuoi lascivi errori
e colà drizza l'ali ove Licori
stampa in riva del Po gigli e viole,

e nel tuo molle sen questi sospiri
reca, e queste querele alte amorose,
là 've già prima i miei pensier n'andaro.

Potrai poi quivi a le vermiglie rose
involar di sue labbra odor più caro,
e riportarlo in cibo a' miei desiri.

XV

Brisa que por aquí juegas y vuelas
entre el pelo de mirtos y laureles,
y avivando en el prado hermosas flores
con dulce robo un rico olor les hurtas;

ay, si piadoso espíritu en ti suele
despertarse, tu errar lascivo deja
y allá dirige el ala adonde Lícoris
estampa junto al Po lirios y violas,

y sobre el blando seno estos suspiros
lleva, y mis altas quejas amorosas,
adonde fueron ya mis pensamientos.

Podrás después allí a las rojas rosas
de sus labios robar olor más rico
y traer alimento a mis deseos.

XVI

Risponde ad una gentil donna la qual proverbiandolo gli havea detto che non poteva vero amor esser quello ch'era palese a molti.

Chi di non pure fiamme acceso ha 'l core,
e lor ministra esca terrena immonda,
chiuda l'incendio in parte ima e profonda
sì que favilla non n'appaia fuore.

Ma chi infiammato d'un celeste ardore
d'ogni macchia mortal si purga e monda,
ragion non è che 'l nobil foco asconda
chiuso nel sen: né tu 'l consenti, Amore.

Ché s'altri (tua mercé) s'affina e terge,
vuoi che 'l mondo il conosca, e ch'indi impare
quanto in virtù di duo begli occhi puoi.

E s'alcun pur il cela, insieme i tuoi
più degni fatti in cieco oblio sommerge,
e de l'alte tue glorie invido appare.

XVI

Responde a una dama gentil, la cual, regañándole, le había dicho que no podía ser verdadero amor, aquel que fuera conocido por muchos.

Quien de no pura llama abrasa el pecho
y alimento le da terreno, inmundo,
cierre el incendio en parte honda y profunda,
de modo tal que ni una chispa salga.

Mas si inflamado de un ardor celeste
de mácula mortal se purga y limpia,
no es de razón que el noble fuego esconda
en el seno, ni, Amor, tú lo consientes.

Que si alguno, por ti, se afina y pule,
quieres que se conozca, y de él se aprenda
cuánto a través de bellos ojos puedes.

Y si lo oculta, así también tus hechos
más dignos en un ciego olvido sume
y envidioso se muestra de tu gloria.

XVII

Vedrò dagli anni in mia vendetta ancora
far di queste bellezze alte rapine;
vedrò starsi negletto il bianco crine
c'hora l'arte e l'etate increspa e 'ndora;

e 'n su le rose ond'ella il viso infiora
sparger il verno poi nevi e pruine:
così 'l fasto e l'orgoglio havrà pur fine
di costei, ch'odia più chi più l'honora.

Sol rimarrano allhor di sua bellezza
penitenza e dolor, mirando sparsi
suoi pregi, e farne il Tempo a sé trofei.

E forse fia ch'ov'hor mi sdegna e sprezza,
poi brami accolta dentro a' versi miei
quasi in rogo Fenice rinovarsi.

XVII

Veré a los años en venganza incluso
hacer de esta belleza alta rapiña;
veré ya descuidado el blanco pelo
que hoy el arte y la edad encrespa y dora;

y en la rosa que se abre por su rostro,
el invierno esparcir nieves y escarchas.
Así el fasto y orgullo tendrá término
de aquella que odia más a quien más la honra.

Entonces quedará de su belleza
penitencia y dolor, viendo esparcidos
sus encantos, trofeos ya del Tiempo.

Y quien hoy me desdeña y menosprecia,
tal vez desee dentro de mis versos,
igual que en pira Fénix, renovarse.

XVIII

Quando havran queste luci e queste chiome
perduto l'oro e le faville ardenti,
e di tua beltà l'arme hor sì pungenti
saran dal tempo rintuzzate e dome,

fresche vedrai le piaghe mie, né come
in te le fiamme, in me gli ardori spenti,
e rinnovando gli amorosi accenti
rischiararò la voce al tuo bel nome;

e quasi in specchio che 'l difetto emende
degli anni, ti fian mostre entro a' miei carmi
le tue bellezze in nulla parte offese.

Fia noto allhor ch'a lo spuntar de l'armi
piaga non sana, e ch'esca un foco apprende
che vive quando spento è chi l'accese.

XVIII

Cuando hayan estas luces y este pelo
perdido el oro y chispear ardiente,
y de beldad el arma tan punzante
sea del tiempo sometida y roma;

fresca verás mi herida y no, tal como
en ti la llama, en mí el ardor extinto,
y renovando el amoroso acento
mi voz aclararé yo con tu nombre.

Y, como espejo que la tacha enmienda
de los años, te mostrarán mis versos
tu belleza en ningún modo ofendida.

Se sabrá entonces que al mellarse el arma
no sana herida, y yesca un fuego prende
que vive aun muerto aquel que lo encendiera.

XIX

Quando vedrò nel verno il crine sparso
haver di neve e di pruine algenti,
e 'l seren de' miei dì lieti e ridenti
col fior degli anni miei fuggito e sparso,

non sarò punto al tuo bel nome scarso
de le mie lodi e degli usati accenti,
né dal gel de l'età fiano in me spenti
quegli incendi amorosi ond'hor son arso.

Anz'io, c'hor sembro augel palustre e roco,
cigno parrò lungo il tuo nobil fiume
che già l'hore di morte habbia vicine.

E quasi fiamma che vigore e lume
ne l'estremo riprenda anzi 'l suo fine,
risplenderà più chiaro il mio bel foco.

XIX

Cuando vea en invierno mi cabello
esparcido de nieve y fría escarcha,
y los días alegres y risueños
de mis años en flor ausentes y huidos,

nada seré a tu bello nombre avaro
en el loar o el habitual acento,
ni el hielo de la edad habrá extinguido
el incendio amoroso en el que hoy ardo.

Y aunque hoy semeje ave palustre y ronca,
cisne pareceré en tu noble río
que la hora de su muerte ha ya vecina.

Y como llama que vigor y lumbre
en el extremo, antes del fin retoma,
más resplandecerá mi bello fuego.

XX

Chi chiuder brama a' pensier vili il core
apra in voi gli occhi, e i doni in mille sparsi
uniti in voi contempli, e 'n lui crearsi
sentirà nove voglie e novo amore.

Ma se scender nel seno estremo ardore
sente da' lumi di pietà sÌ scarsi,
non s'arretri o difenda, ove in ritrarsi
non è salute, o in far difesa honore.

anzi, sì come già Vergini sacre
nobil fiamma nutrir, tal egli sempre
esca rinovi al suo vivace foco:

ché dolcezze soffrendo amare et acre
e quasi Alcide ardendo a poco a poco
cangerà, fatto dio, natura e tempre.

XX

Quien a lo vil cerrar quiera su pecho
en vos abra los ojos y contemple
todo don junto en vos, y allí engendrarse
nuevo afán sentirá y un amor nuevo.

Mas si bajar al seno siente el sumo
ardor de luces de piedad escasas,
no se vuelva o defienda: en retirarse
no hay salvación ni honor en la defensa.

Más bien, igual que las sagradas vírgenes[14]
alimentaron noble llama, él siempre
la yesca a su vivaz fuego renueve;

que dulzores sufriendo amargos y agrios,
como Alcides[15] ardiendo poco a poco
cambiará, vuelto un dios, estado e índole.

---

[14] Se trata de las vírgenes vestales romanas.
[15] Referencia a Hércules, en concreto, al episodio de su muerte.

XXI

Scrive ad un suo amico, il quale havendolo condotto ad una festa, cercava di far sì ch'egli, invaghitosi d'alcuna nova belleza, si dementicasse della sua donna absente.

Non fia mai che 'l bel viso in me non reste
sculto, o che d'altra imago il cor s'informe,
né che là dove ogn'altro affetto dorme
novo spirto d'amor in lui si deste.

Né men sarà ch'io volga gli occhi a queste
di terrena beltà caduche forme
per isviar i miei pensier da l'orme
d'una bellezza angelica e celeste.

A che pur dunque d'invaghir la mente
cerchi del falso e torbido splendore
che 'n mille aspetti qui sparso riluce?

Deh, sappi homai com'ha facelle spente
per ciascun'altra, e strali ottusi Amore,
e che sol nel mio sole è vera luce.

XXI

Escribe a un amigo que, habiéndole llevado a una fiesta, trataba de hacer de tal modo que él, deseando alguna nueva belleza, se olvidase de su señora ausente.

No podrá ser que en mí no quede el rostro
esculpido, o en mi pecho haya otra imagen,
ni que donde todo otro afecto duerme
despierte nuevo espíritu amoroso.

Y menos, que los ojos vuelva hacia esas
de terrena beldad caducas formas
por apartar mi mente de las huellas
de una belleza angélica y celeste.

¿Para qué, pues, prendar el pensamiento
buscas del esplendor falaz y turbio
que en mil aspectos esparcido luce?

Ay, sabe cómo tiene extintas teas
Amor para las otras, flechas romas,
y que hay solo en mi sol luz verdadera.

XXII

M'apre talhor Madonna il suo celeste
riso fra perle e bei rubini ardenti,
e l'orecchie inchinando a' miei lamenti
di dolce affetto il ciglio adorna e veste.

Ma non avien però ch'ella mai deste
nel crudo sen pietà de' miei tormenti:
anzi mia cetra, e i miei non rozzi accenti,
e me disprezza, e le mie voglie honeste.

Né pietà è quella che negli occhi accoglie,
ma crudeltà, che 'n tal forma si mostri
perché l'alma ingannata arda e consumi.

Specchi del cor fallaci, infidi lumi,
ben riconosco in voi gli inganni vostri:
ma che pro, se schivarli Amor mi toglie?

XXII

Me abre a veces mi dama su celeste
risa entre perlas y ardientes rubíes,
y el oído inclinando a mis lamentos
con afecto la ceja adorna y viste.

Mas no ocurre jamás que ella despierte
en su seno piedad por mis martirios.
Mi cítara antes, mis no toscas rimas,
y a mí desprecia, y mi deseo honesto.

Y no es piedad lo que acoge en los ojos,
mas crueldad, que en tal forma se muestra
que arda el alma engañada y se consuma.

Del corazón espejo, ojos falaces,
reconozco en vosotros vuestro engaño:
¿y qué, si el esquivarlo Amor me impide?

XXIII

Scrisse questo sonetto avvicinandose l'hora ch'a lui conveniva allontanarsi dalla sua donna.

Tu vedi, Amor, come col dì se 'n vole
mia vita, e 'l fine a me prescritto arrive,
né trovo scampo onde la morte io schive,
ché non s'arresta a' preghi nostri il sole.

Ma se pietosa del mio fin pur vuole
serbar Madonna in me sue glorie vive,
i begli occhi ond'al ciel l'ira prescrive,
volga ver lui pregando, e le parole:

ché del suon vago e de la vista, il corso
fermarà Febo, et allungando il giorno
spatio al mio dì vitale anco fia giunto.

Ma chi m'affida (ohimè) ch'egli compunto
a l'alto paragon d'invidia e scorno
no 'l fugga, e lenti a' suoi destrieri il morso?

XXIII

Escribió este soneto al acercarse la hora en la que tenía que alejarse de su señora.

Tú ves, Amor, que con el día acaba
mi vida y el fin a mí prescrito llega,
ni encuentro amparo en que la muerte esquive,
que el sol no se detiene a nuestro ruego.

Mas si piadosa ante mi fin desea
guardar mi dama en mí su gloria viva,
los ojos con que calma el cielo airado,
vuelva hacia él rogando, y la palabra:

deseoso del son y de la vista
Febo se detendrá y ampliando el día
sumará espacio a mi vital jornada.

Pero, ¿quién me asegura, ay, que él picado
de envidia y de vergüenza al compararse,
no lo rehúya[16] y suelte a sus corceles?

---

[16] No rehúya el compararse con la dama.

XXIV

Narra come essendo lontano della sua donna, e per ciò addoloratissimo, fu da lei in sogno consolato.

Giacea la mia virtù vinta e smarrita
dal duolo in sua ragion sempre più forte,
quando il sonno pietoso di mia sorte
seco addusse Madonna a darle aita:

che sollevò gli spirti, e 'n me sopita
la doglia, a nova speme aprio le porte.
Così allhor ne l'imagine di Morte
trovò l'egro mio cor salute e vita.

Volgeva ella in me gli occhi e le parole
di pietà vera ardenti: «A che pur tanto,
o mio fedel, t'affligi e ti consumi?

Ben tempo ancor verrà ch'al chiaro sole
di quest'amate luci asciughi il pianto,
e 'l fosco di tua vita in lui rallumi».

XXIV

Cuenta cómo estando alejado de su dama y, por ello, muy afligido, fue consolado por ella en sueños.

Yacía mi virtud[17] rota y turbada
a causa del dolor, siempre el más fuerte,
cuando el sueño, piadoso con mi sino,
trajo a mi dama por prestarle[18] ayuda.

Mis fuerzas ella alzó y, en mí dormido
el pesar, abrió puerta a la esperanza.
Así en la imagen de la muerte[19] entonces
halló mi corazón salud y vida.

Dirigió a mí los ojos y palabras
de piedad cierta, ardientes: «¿Por qué tanto,
oh fiel mío, te afliges y consumes?

Aún tiempo vendrá que al sol brillante
de amadas luces[20] enjugues el llanto
y el negror de tu vida lo ilumines».

---

[17] En la acepción de fuerza, vigor.
[18] A la virtud.
[19] El sueño era considerado imagen de la muerte.
[20] Los ojos de la amada, como en otras ocasiones.

XXV

I' vidi un tempo di pietoso affetto
la mia nemica ne' sembianti ornarsi,
e l'alte fiamme in cui sì felice arsi
nutrir con le speranze e col diletto.

Hora (né so perché) la fronte e 'l petto
usa di sdegno e di fierezza armarsi,
e coi guardi ver me turbati e scarsi
guerra m'indice, ond'Io sol morte aspetto.

Ahi, non si fidi alcun, perché sereno
volto l'inviti e 'l sentier piano mostri,
nel pelago d'Amor spiegar le vele.

Così l'infido mar placido il seno
scopre, e i nocchieri alletta: e poi crudele
gli affonda e perde fra gli scogli e i mostri.

XXV

Vi por un tiempo de piadoso afecto
ornarse mi enemiga en el semblante,
y la alta llama en que feliz yo ardiera
nutrir con esperanzas y deleite.

Ahora (no sé por qué) la frente, el pecho
suele armar de desdén y de fiereza,
y con miradas pocas y sombrías
guerra me indica y solo muerte espero.

Ay, no se atreva nadie, aunque sereno
rostro le invite y llana senda enseñe,
en piélago de Amor a tender velas.

El mar infiel así plácido el seno
muestra y al timonel atrae: luego
entre escollos y monstruos lo hunde y pierde.

XXVI

Qualhor pietosa i miei lamenti accoglie
Madonna, e gradir mostra il foco ond'ardo,
sprona il desio, che più che tigre o pardo
veloce allhor da la ragion si scioglie.

Ma se poi per frenar l'ardite voglie
di sdegno s'arma, e vibra irato sguardo,
già far non puote il corso lor più tardo,
ma più nel seguir lei par che m'invoglie.

Ché s'addolcisce ivi lo sdegno, e prende
sembianza di pietate, e nel sereno
de' begli occhi tranquille appaion l'ire.

Hor chi fia mai ch'arresti il mio desire,
s'egualmente lo spinge e pronto il rende
con sembiante virtù lo sprone e 'l freno?

XXVI

Cuando piadosa mi lamento acoge
mi dama y agradece el fuego en que ardo,
espolea al deseo y, más que un tigre
rápido, ya de la razón se libra.

Pero si por frenar osado impulso
de desdén se arma y de un mirar airado,
su carrera no puede hacer más lenta;
parece que a seguirla me estimula.

Porque se endulza allí el desdén y prende
aspecto de piedad, y en el sosiego
de los ojos se ven tranquilas iras.

¿Qué habrá pues, que detenga mi deseo,
si igual lo aguijonea y apresura
con el mismo poder espuela y freno?

XXVII

Sonetto di partenza.

Sentiv'io già correr di morte il gelo
a lunghi passi per le vene al core,
e folta pioggia di perpetuo humore
m'involgea gli occhi in tenebroso velo;

quando arder vidi in sì pietoso zelo
Madonna, e sì cangiar volto e colore,
che non pur adolcir l'aspro dolore,
ma potea fra gli abissi aprirmi il cielo.

«Vattene» (disse) «e, se 'l partir t'è grave,
non sia tardo il ritorno: e serba intanto
parte almen viva del tuo foco interno».

O felice il languir cui sì soave
medicina s'aspetti: hor ben discerno
ch'esser si può beato ancor nel pianto.

XXVII

Soneto de despedida.

Sentía ya correr de muerte el hielo
hacia mi corazón a grandes pasos,
y espesa lluvia de perpetuo líquido
me cubría los ojos de tinieblas;

cuando vi arder en tan piadoso celo
a mi dama, y cambiar color y rostro,
que no solo endulzar la amarga pena,
podía en un abismo el cielo abrirme.

«Márchate», dijo, «y si el partir te es duro,
no tardes en volver y, en tanto, guarda
viva una parte de tu fuego interno».

Oh feliz languidez si una tan suave
medicina la espera. Ahora entiendo:
se puede ser dichoso aun en el llanto.

XXVIII

Stavasi Amor, quasi in suo regno, assiso
nel seren di due luci ardenti et alme,
mille vittrici insegne e mille palme
trionfali spiegando entro 'l bel viso;

quando rivolto a me, che 'ntento e fiso
mirava le sue ricche altere salme,
disse: «Canterai tu come tant'alme
habbia, e te stesso ancor vinto e conquiso.

Né tua cetra sonar l'arme di Marte
più s'oda homai, ma l'alte e chiare glorie
e i divin pregi nostri, e di costei».

Così convien c'hor ne l'altrui vittorie
canti mia servitute e i lacci miei,
e tessa de' miei danni historia in carte.

XXVIII

Sentado estaba Amor, como en su reino,
en la paz de dos luces[21] que arden nobles,
mil triunfales enseñas y mil palmas
blandiendo victoriosas en un rostro;

cuando vuelto hacia mí, que atento y fijo
miraba sus altivas, ricas presas,
dijo: «Tú cantarás que a tantas almas,
e incluso a ti, he vencido y conquistado.

Y no a tu cítara loar a Marte
se le oiga ya, mas mi alta y clara gloria,
y mi divino mérito y el de ella».

Conviene pues, que en la victoria de otros
cante mi servidumbre y mis cadenas,
y de mi mal la historia teja escrita.

---

[21] Se refiere, como en otras ocasiones, a la mirada de su señora.

XXIX

O nemica d'Amor, che sì ti rendi
schiva di quel ch'altrui dà pace e vita,
e dolce schiera a' suoi diporti unita
dispergi e parti, e lui turbi et offendi:

se de l'altrui bellezza invidia prendi,
che de' tuoi danni a rimembrar t'invita,
lassa, ché non t'ascondi, et in romita
parte e selvaggia i giorni estremi spendi?

Ché non conviensi già tra le felici
squadre d'Amore tra 'l diletto e 'l gioco
donna antica in imagine di Morte.

Deh, fuggi homai dal sole in chiuso loco,
come notturno augel, né triste auspici
il tuo apparir a' lieti amanti apporte.

XXIX

Oh enemiga de Amor, que esquivas tanto
a aquel[22] que a los demás da paz y vida,
y un dulce grupo, a sus juegos unido,
rompes y partes, y le[22] turbas y hieres;

si de ajena belleza envidia sientes,
lo cual te invita a recodar tus males,
¿por qué no oculta, ¡mísera!, en desierto
lugar y agreste ya tus días pasas?

No es conveniente que entre las felices
tropas de Amor, entre el placer y el juego,
haya una vieja tal como la Muerte.

Huye, ay, del sol hacia un sitio cerrado,
ave nocturna, y no tristes auspicios
tu aparición a los amantes traiga.

[22] A Amor.

XXX

Arsi gran tempo, e del mio foco indegno
esca fu sol beltà terrena e frale,
e qual palustre augel pur sempre l'ale
volsi di fango asperse ad umil segno.

Hor che può gelo di sì giusto sdegno
spegner nel cor l'incendio aspro e mortale,
scosso d'ogni vil soma al ciel ne sale
con pronto volo il mio non pigro ingegno.

Lasso, e conosco hor ben che quanto i' dissi
fu voce d'huom cui ne' tormenti astringa
giudice ingiusto a traviar dal vero.

Perfida, ancor ne la mia lingua io spero,
che donde pria ti trasse, ella ti spinga
d'un cieco oblio ne' più profondi abissi.

XXX

Ardí gran tiempo y de mi fuego indigno
la yesca fue beldad terrena y frágil,
y, cual ave palustre, siempre el ala
volví de fango llena a diana humilde.

Hoy que puede hielo de desdén tan justo
ese incendio apagar mortal y grave,
libre de carga vil al cielo asciende
con volar raudo mi no lento ingenio.

¡Mísero! Yo hoy bien sé que cuanto dije,
aquel lo declaró, que con torturas
obliga un juez injusto a la mentira.

¡Pérfida! De mi lengua aún espero
que, desde donde te sacó, te arroje
de un ciego olvido al más profundo abismo.

XXXI

Non più cresp'oro et ambra tersa e pura
sembrano i crin che 'ndegno laccio ordiro,
e nel volto e nel seno altro non miro
che vana di belleza ombra e pittura.

Fredda è la fiamma homai, la luce oscura
degli occhi, e senza gratia il moto e 'l giro.
Deh, come i miei pensier di te invaghiro,
lasso, e chi 'l senso e la ragion ne fura?

Ahi, ch'io cieco d'amor altru' ingannai,
in rime ornando di sì ricchi fregi
la forma tua, che poi leggiadra apparve.

Ecco i' rimovo le mentite larve:
hor ne le propria tua sembianza homai
ti veggia il mondo, e ti derida e spregi.

XXXI

Ya no crespo oro y ámbar terso y puro
es el pelo que urdió un indigno lazo[23],
y en el rostro y el seno veo solo
pintura y sombra vana de belleza.

Fría es la llama hoy ya, la luz oscura
de los ojos, sin gracia el movimiento.
¿Cómo es que se prendió de ti mi mente?
¿Quién[24] la razón y el buen sentido roba?

Ay, que ciego de amor engañé a otros
con versos adornando y ricas galas
tu forma, que después pareció hermosa.

Pues bien, aparto las falaces máscaras:
que ya en tu propio aspecto desde ahora
te vea el mundo, ría y te desprecie.

---

23 El lazo de amor que ató al poeta.
24 La respuesta es Amor (ver el verso siguiente).

XXXII

Mentre soggetto al tuo spietato regno
vissi, ove ricondurmi ancor contendi,
via più de le procelle e degli incendi
temea pur l'ombra d'un tuo leve sdegno.

Hor che ritratto ho il cor da giogo indegno,
l'arme ardenti de l'ira in van riprendi,
e 'n van tanti ver me folgori spendi,
né di mille tuoi colpi un fere il segno.

Vibra pur fiamme e strai, faccia l'estremo
d'ogni tua possa orgoglio e crudeltade,
nulla curo io se tuoni o se saetti.

Così mai d'amor raggio o di pietade
non veggia in te, né speme il cor m'alletti,
ché men fera che placida ti temo.

XXXII

Mientras sujeto al despiadado reino
viví, donde llevarme aún procuras,
mucho más que tormentas y que incendios
temía de un desdén leve la sombra.

Hoy que ya estoy del yugo indigno fuera,
armas ardientes de ira en vano tomas,
y en vano contra mí rayos malgastas;
de tus mil golpes ni uno da en el blanco.

Blande llamas y flechas, lleva al máximo
de todo tu poder crueldad y orgullo,
no me importa que truenes o dispares.

Nunca de amor o de piedad un rayo
yo vea en ti, ni a la esperanza ceda:
menos fiera que plácida te temo.

XXXIII

Ahi, qual angue infernale entro 'l mio seno
serpendo, tanto in lui veleno accolse?
E chi formò le voci, e chi disciolse
a la mia lingua temeraria il freno,

sì che turbò Madonna, e 'l bel sereno
de la sua luce in atra nebbia involse?
Quel ferro che Tifeo contra 'l ciel volse
forse de la mia penna empio fu meno.

Hor qual arena sì deserta o folto
bosco sarà tra l'Alpi, ov'io m'involve
da l'altrui vista solitario e vago?

Lasso, e com'oso hor di mirar il sole,
se le bellezze sue sprezzai nel volto
de la mia donna, quasi in propria imago?

XXXIII

Ay, ¿qué sierpe infernal dentro del pecho
arrastrándose, en mí veneno puso?
¿Y quién formó la voz, quién a mi osada
lengua aflojó la brida, de tal modo

que turbose mi dama y el sosiego
de su luz se envolvió en oscura niebla?
La espada que Tifeo volvió al cielo
fue menos quizá impía que mi pluma.

¿Qué arena tan desierta o tan cerrado
bosque en los Alpes hay que me sustraiga
a la vista de todos, solo, errante?

¿Cómo a mirar el sol me atrevo, mísero,
si su belleza desprecié en el rostro
de mi señora, que es su misma imagen?

XXXIV

Venendo l'Autore di Bologna in Padova, fu raccolto nell' Academia degli Eterei, che si ragunava in casa del Signor Scipione Gonzaga suo particolar signore e protettore, ond'egli scrisse loro questo sonetto continuando nella metafora del Tasso arbore del suo cognome, de' cui frutti gustando l'api producono il mele amarissimo.

Poi che 'n vostro terren vil Tasso alberga
dal Ren traslato, ond'empia man lo svelse,
là 've par ch'egualmente homai l'eccelse
piante e le basse horrida pioggia asperga,

s'egli già fu negletta et humil verga,
hor mercé di colui che qui lo scelse
fra' suoi be' lauri, e propria cura felse,
tosto averrà ch'al ciel pregiato s'erga.

XXXIV

Yendo el autor de Bolonia a Padua, fue acogido en la Academia de los Etéreos, que se reunía en casa del señor Escipión Gonzaga, su particular señor y protector; por lo que escribió este soneto, utilizando la metáfora del tejo, el árbol de su apellido, de cuyos frutos las abejas producen una miel muy amarga.

Pues que en vuestro solar[25] vil tejo[26] vive
que del Reno[27] arrancó una impía mano,
allí, en donde hoy por un igual la excelsa
planta y la baja horrible lluvia[28] moja;

si fue ya despreciada, humilde vara,
hoy por merced de aquel que lo escogiera
como un laurel[29] y lo hizo su cuidado,
muy pronto se alzará con loa al cielo.

---

25 Padua.

26 Calambur. «Tasso» significa «tejo» en español.

27 El río que pasa por Bolonia.

28 Se refiere a la envidia o el odio del que se consideró víctima Tasso durante su estancia en Bolonia.

29 Lo consideró otro poeta de su corte.

E caldi raggi, e fresch'aure, e rugiade
pure n'attende a maturar possenti
e raddolcir l'amate frutta acerbe,

onde il lor succo a l'api schife aggrade
e mel ne stilli che si pregi e serbe
poscia in Parnaso a le future genti.

Cálidos rayos, fresca aura y rocío
puro que lo hagan madurar espera
y le endulcen la amada fruta verde,

de manera que agrade a las abejas
y miel destile que se precie y guarde
en el Parnaso a los futuros hombres.

XXXV

Mentre l'Autore viveva sotto la protettione dell'Eccellentissimo Signor Duca d'Urbino, compose questo sonetto in lode di que' paesi e di quella corte, ridutto in ogni tempo de gli huomini letterati, et ove il Bembo in particolare soleva spesso ripararsi.

In questi colli, in queste istesse rive
ove già vinto il duce mauro giacque,
quel gran cigno cantò che 'n Adria nacque
e ch'hor tra noi mortali eterno vive.

Quante volte qui seco, o sacre Dive,
veniste a diportarvi, e quanto piacque
altrui suo dolce suon, che fuor de l'acque
spesso ignude trahea le Ninfe schive!

Fu questo nido stesso, ov'io m'accoglio,
contra l'ira del cielo a lui riparo:
e qual più fido albergo hoggi è tra noi?

XXXV

Mientras el autor vivía bajo la protección del excelentísimo señor duque de Urbino, compuso este soneto loando aquel país y aquella corte, reducto en todo tiempo para los hombres literatos, y donde el Bembo, en particular, solía a menudo ampararse.

En estas lomas, esta misma orilla[30]
donde vencido fue el caudillo moro,
cantó el cisne nacido en el Adriático[31]
que ahora entre mortales vive eterno.

¡Cuántas veces con él, oh sacras diosas,
vinisteis de solaz, cuánto placía
su dulce son, que del agua sacaba
desnudas a las ninfas desdeñosas!

Fue también este nido[32] que me acoge,
contra la ira del cielo a él reparo;
¿y cuál más fiel albergue ahora existe?

---

[30] Se refiere a la estancia del poeta en Urbino y al río Metauro, donde tuvo lugar una batalla entre romanos y cartagineses en la que murió Asdrúbal.

[31] Pietro Bembo (1470-1547), cardenal, humanista y poeta, nació en Venecia.

[32] La corte de Urbino.

Ma come audace io qui la lingua sciolgio?
Quest'aria, ch'addolcio canto sì chiaro,
dritto non è che roca voce annoi.

Mas, ¿cómo suelto audaz aquí la lengua?
A este aire que endulzó canto tan claro
no es justo que una ronca voz lo enoje.

XXXVI

Chi 'l pelago d'Amor a solcar viene,
in cui sperar non lice aure seconde,
te prenda in duce, e salvo il trarrai donde
huom rado scampa a le bramate arene.

Tu le Sirti, e le Scille, e le Sirene,
e qual mostro più fiero entro s'asconde,
varchi a tua voglia, e i venti incerti e l'onde,
qual nume lor, con certe leggi affrene.

Poi quando addutte in porto havrà le care
sue merci, ove le vele altri raccoglie
e 'l tranquillo d'Amor gode sicuro,

te non pur novo Tifi o Palinuro,
ma suo Polluce appelli, e 'n riva al mare
appenda al nume tuo votive spoglie.

XXXVI[33]

Quien el mar del Amor a surcar viene,
en que no hay que esperar auras propicias,
su guía te haga, y llévalo, de donde
rara es la huida, a arenas deseadas.

Tú las Sirtes y Escila y las sirenas,
y cualquier otro monstruo allí escondido,
salvas, y a los inciertos vientos y olas,
cual su numen, con cierta ley refrenas.

Y cuando ya sus mercancías tenga
en el puerto, las velas recogidas,
y la paz del Amor goce seguro,

a ti no nuevo Palinuro o Tifis[34],
mas su Pólux[35] te llame y en la playa
cuelgue a tu numen votivos despojos.

---

[33] Este soneto y el posterior fueron escritos con motivo de la publicación del diálogo de Brunoro Zampeschi *L'innamorato.*

[34] Pilotos de la nave de Eneas y de Argos, la nave de Jasón y los argonautas, respectivamente.

[35] Se refiere a la constelación de Géminis, que marcaba, en la Antigüedad, la ruta de los navegantes.

XXXVII

Come fra 'l gelo d'honestà s'accenda
in nobil donna un puro e dolce ardore,
e come il marmo ond'ella impetra il core
tenero e molle esperto Amante renda,

e con qual armi sé copra e difenda
ne' dubbi assalti ov'huom sì spesso more,
ne le tue carte a noi rivela Amore,
e da te solo vuol ch'hoggi s'apprenda.

Tu con l'istessa man che sì sovente
il ferro trata, e fra la turba hostile
apre a' seguaci suoi largo sentiero,

ne spieghi in chiaro et honorato stile
l'arte pur dianzi inculta, e parimente
sei di Marte e d'Amor duce e guerriero.

XXXVII

Cómo en helada honestidad se encienda
ardor en noble dama puro y dulce,
y cómo el mármol que endurece el pecho
tierno y blando un experto amante vuelva,

y con qué armas se cubra y se resguarde
en dudosos asaltos que dan muerte,
Amor en tus escritos nos revela
y de ti solo que hoy se aprenda quiere.

Tú, con la misma mano que a menudo
el hierro empuña y en la turba adversa
a sus secuaces abre una ancha vía,

en claro y honorable estilo explicas
el arte antes inculta, y al tiempo eres
de Marte y del Amor guía y soldado.

XXXVIII

Scrive all'Illustrissimo Signor Scipione Gonzaga, lodandolo con una nuova maniera dell'eccellenza della poesia e della virtù dll'operare.

Ben per tuo danno in te sì larga parte
del suo divino spirto Apollo infonde,
e i doni suoi, perché tu sol n'abbonde,
sì scarsamente a noi versa e comparte:

ché se fosse in altrui l'ingegno e l'arte
che 'n te quasi sepolto hoggi s'asconde,
sol dagli alti tuoi pregi, e non altronde,
torria nobil materia a mille carte.

Tu, mentre gli occhi in ogni parte giri,
né ritrovi al tuo canto egual soggetto,
pien di sdegno gentil taci e sospiri.

Perché dir di te stesso a te non lece?
perché ciò deve a Scipio esser disdetto,
se già (né senza honor) Cesare il fece?

XXXVIII

Escribe al ilustrísimo señor Escipión Gonzaga, loándolo con una nueva manera de la excelencia de la poesía y de la virtud del obrar.

Bien por tu daño en ti copiosa parte
de su divino soplo Apolo infunde,
y así sus dones, porque en ti rebosen,
a nosotros escasos da y divide.

Si otro tuviera el arte y el ingenio
que casi sepultado en ti se esconde,
de tus méritos solo él obtendría
noble materia de muchos escritos.

Tú, mientras por doquier giras los ojos
e igual sujeto no hallas a tu canto,
con un desdén gentil callas, suspiras.

Que hables de ti, ¿por qué no ha de ser lícito?
¿Por qué a Escipión le debe ser vetado,
si ya, y no sin honor, lo hiciera César?

XXXIX

Scritto all'Eccellentissima Madama Leonora da Este, alla quale da' medici per alcuna sua infermità era stato vietato il cantare.

Ahi, ben è reo destin che 'nvidia e toglie
al mondo il suon de' vostri chiari accenti,
onde adivien che le terrene genti
de' maggior pregi impoverisca e spoglie:

ch'ogni nebbia mortal che 'l senso accoglie
sgombrar potea da le più fosche menti
l'armonia dolce, e i bei pensieri ardenti
spirar d'honore, e pure e nobil voglie.

Ma non si merta qui forse cotanto,
e basta ben che i seren'occhi e 'l riso
n'infiammin d'un piacer celeste e santo.

Nulla fora più bello il paradiso,
se 'l mondo udisse in voi d'angelo il canto,
sì come vede in voi d'angelo il viso.

XXXIX

Escrito para la Excelentísima Señora Leonor de Este, a la cual le fue prohibido por los médicos, debido a alguna enfermedad, el canto.

Ay, muy impío hado es el que envidia y quita
al mundo el son de vuestro claro acento,
de modo que la gente de este mundo
de un gran bien se despoje y empobrezca;

que la niebla mortal de los sentidos
librar podría de una ciega mente
su armonía, y honor ardiente y bello
inspirar, y un deseo puro y noble.

Puede que aquí no merezcamos tanto;
basta con que los ojos y la risa
inflamen de un placer santo y celeste.

Que no fuera más bello el Paraíso,
si el mundo oyese en vos la voz de un ángel,
así como ve en vos la faz de un ángel.

XL

Padre del cielo, hor ch'atra nube il calle
destro m'asconde, e vie fallaci stampo
con vago piè per questo instabil campo
de la mondana e paludosa valle,

regga tua santa man, sì ch'ei non falle,
mio corso errante, e di tua gratia il lampo
dolce sovra me splenda, e del mio scampo
quel sentier mostri a cui vols'io le spalle.

Deh, pria che 'l verno queste chiome asperga
di bianca neve, e 'l mio nascente giorno
chiuda in tenebre eterne il fosco lume,

dammi ch'io faccia a tua magion ritorno,
come sublime augel che spieghi et erga
da vil fango palustre al ciel le piume.

XL

Padre del cielo, hoy que negra nube
la recta senda esconde, y falsas piso
con vago pie por este instable campo
del mundanal y pantanoso valle,

tu santa mano rija —así él[36] no yerre—,
mi curso errante y de tu gracia el rayo
dulce sobre mí brille y de mi amparo
la senda muestre a la que di la espalda.

Ay, antes de que el invierno este cabello
cubra de nieve y mi naciente día[37]
cierre en sombras eternas luz oscura[38],

permíteme que a tu mansión regrese
como un ave sublime que despliega
y al cielo alza del fango vil sus plumas.

---

[36] Puede referirse tanto al curso errante (verso 6) como al vago pie (verso 3).

[37] El tiempo de la juventud.

[38] La luz de la condenación.

XLI

Sendo lontano dalla sua donna, udì la novella delle sue nozze, nella quale occasione compose la presente canzona.

Amor, tu vedi, e non hai duolo o sdegno,
chinar Madonna il collo al giogo altrui:
anzi ogni tua ragion da te si cede.
Lasso, se 'l bel tesoro ond'io già fui
sì vago, altri s'ha tolto, hor qual può degno
premio il merto adeguar de la mia fede?
Qual più sperar ne lice ampia mercede
de la tua ingiusta man, se 'n un sol punto
hai le ricchezze tue diffuse e sparte?
Anzi pur chiuse in parte
ov'un sol gode ogni tuo ben congiunto.
Ben folle è chi non parte
homai lungi da te, ché tu non puoi
pascer se non di furto i servi tuoi.

Ecco chi'io dal tuo regno il piè rivolgo,
regno crudo infelice; ecco ch'io lasso
qui le ceneri sparte e 'l foco spento.
Ma tu mi segui, e mi raggiungi, ahi lasso,
e per fuggirti indarno il nodo i' sciolgo:
ch'ogni corso al tuo volo è pigro e lento.

XLI

Estando alejado de su dama, oyó la noticia de su boda, con ocasión de lo cual compuso la presente canción.

Amor, tú ves, y sin dolor ni ofensa,
inclinarse mi dama a yugo ajeno;
antes bien, todos tus derechos cedes.
Mísero, si el tesoro del que fuera
tan deseoso yo, es de otro, ¿qué premio
hay que al mérito de mi fe se iguale?
¿Qué más grande merced esperar puedo
de tu mano injusta, si has a un tiempo
tus dones dispersado y esparcido?
Antes bien, encerrado
donde uno solo unidos los disfruta.
Loco es quien no se aparta
ahora ya de ti, que no alimentas
sino furtivamente a quien te sirve.

He aquí que de tu reino el pie retiro,
reino crudo, infeliz; he aquí que dejo
esparcidas cenizas, fuego extinto.
Mas tú me sigues y me alcanzas, mísero,
y por huirte en vano suelto el nudo,
que el correr a tu vuelo es lento y vago.

Già via più calde in sen le fiamme sento,
e via più gravi al piè lacci e ritegni:
e come a servo fuggitivo ingrato,
qui sotto 'l manco lato
d'ardenti note il cor m'imprimi, e 'l segni
del nome a forza amato;
e perch'arroge al duol, ch'è in me sì forte,
formi al pensier ciò che più noia apporte.

Ch'io scorgo in riva al Po Letitia e Pace
scherzar con Himeneo, che 'n chiaro suono
chiama la turba a' suoi diletti intesa.
Liete danze vegg'io, che per me sono
funebri pompe, et un'istessa face
ne l'altrui nozze e nel mio rogo accesa;
e quasi Aurora in Oriente ascesa,
donna apparir, che vergognosa in atto
i rai de' suoi begli occhi a sé raccoglia,
e ch'altri un bacio toglia,
pegno gentil, dal suo bel viso intatto,
e i primi fior ne coglia:
quei che già cinti d'amorose spine
crebber vermigli infra le molli brine.

Tu ch'a que' fiori, Amor, d'intorno voli
qual ape industre, e 'n lor ti pasci e cibi,
schivo homai di tutt'altre esche mortali,

Ya mucho más las llamas siento cálidas,
y más graves al pie lazos y frenos.
Y como a siervo fugitivo ingrato,
bajo el costado izquierdo
con marca ardiente el corazón me imprimes
y los signos del nombre a fuerza amado;
y por acrecentar dolor tan fuerte,
figuras en mi pensamiento enojos.

Que veo junto al Po a Paz y Alegría
jugar con Himeneo, que con claro
son llama a turba atenta a sus deleites.
Alegres danzas, que son pompas fúnebres
para mí, veo, y una misma antorcha
en una boda ajena y en mi pira.
Y como Aurora alzada en el oriente,
señora aparecer que, vergonzosa,
recoge en sí los rayos de sus ojos[39];
y que otro un beso toma,
cual noble prenda de su faz intacta,
y las primeras flores[40], que ceñidas
de espinas amorosas,
crecen bermejas entre blanda escarcha.

Amor, que en torno a aquellas flores vuelas,
cual abeja, y te paces allí y nutres,
a todo otro mortal sustento esquivo,

---

[39] En gesto de pudor.
[40] Se refiere a la boca rodeada de la blancura del rostro.

deh, come puoi soffrir ch'altri delibi
humor sì dolce, e'l tuo nettar t'involi?
Non hai tu da ferir gli usati strali?
Lasso, e ben fosti allhor pronto a' miei mali
che da vaghezza tratto incauto i' venni
là 've spirar tra le purpuree rose
sentii l'aure amorose,
e ben piaghe da te gravi sostenni,
ch'aperte e sanguinose
ancor dimostro a chi le stagni e chiuda:
ma trovo chi le inaspra ognihor più cruda.

Ohimé che 'l mio pensier ciò che più duole
a l'alma inferma hor di ritrar fa prova,
e più s'interna ognihor ne le sue pene.
Ecco che la mia donna, in cui sol trova
sostegno il core, hor come vite suole
che per se stessa caggia, altrui s'attiene;
qual hedera negletta hor la mia spene
giacer vedrassi, s'egli pur non lice
che la sostegna chi altrui s'abbraccia.
Ma tu, ne le cui braccia
sorge vite sì bella, arbor felice,
poggia pur, né ti spiaccia
ch'augel canoro intorno a' vostri rami
goda sol l'ombra, e più non speri o brami.

Né la mia donna, perch'hor cinga il petto
di nuovo laccio, il laccio antico sprezzi
che di vedermi al cor già non l'increbbe;

¿cómo puedes sufrir tú que otro libe
humor tan dulce y te robe tu néctar?
¿Ya no tienes las flechas que solías?
Mísero, y en mi mal, qué raudo fuiste,
que por una belleza vine incauto
donde espirar entre rosas purpúreas
sentí amorosas auras,
y bien de ti sostuve llagas graves,
que abiertas y sangrantes
las muestro aún a quien las cure y cierre,
mas las irrita cada vez más cruda.

Que el pensamiento aquello, ay, que más duele
al alma enferma, figurar procura,
y más se interna siempre en sus desdichas.
He aquí que mi señora, en quien encuentra
sostén el corazón, tal vid que suele
ella sola caer, se apoya en otro:
cual descuidada yedra hoy mi esperanza
ha de verse yacer, si no sucede
que la sostenga quien a otro se abraza.
Pero tú, en cuyos brazos
se alza tan bella vid, árbol dichoso,
crece pues, no te enfade
que ave canora en torno a vuestros ramos
goce sombra tan solo y más no espere.

Ni mi señora, aunque hoy le ciña el pecho
un nuevo lazo, el antiguo desprecie,
el que en mi corazón ver le placía;

od ella che l'avinse, ella lo spezzi,
ché sciorlo homai, così è 'ntricato e stretto,
né la man stessa che l'ordio potrebbe.
E se pur anco occultamente crebbe
il suo bel nome ne' miei versi accolto,
quasi in fertil terreno arbor gentile,
hor segua in ciò suo stile,
né prenda a sdegno esser cantato e colto
da la mia penna humile:
ché forse Apollo in me le gratie sue
verserà, dove scarso Amor mi fue.

Canzon, sì l'alma è ne' tormenti avezza
che, se ciò gli è concesso, ancor confida
paga restar ne le miserie estreme;
ma se di questa speme
avien che 'l debil filo altri recida,
deh, tronchi a un colpo insieme,
(ch'io 'l bramo e 'l cheggio), al viver mio lo stame
e l'amoroso mio duro legame.

o ella, la que lo ató, ella lo rompa,
si bien soltarlo, así es de fuerte y prieto,
ni aquella mano que lo urdió podría.
Y si creció también ocultamente
su bello nombre dentro de mis versos,
como un árbol gentil en fértil tierra,
prosiga esa costumbre
y no desdeñe que lo cante y cuide
esta mi humilde pluma,
que Apolo en mí tal vez sus gracias vierta
donde Amor fuera escaso.

Canción, el alma es diestra así en tormentos
que, si le es concedido, aún confía
dichosa ser en la miseria extrema;
mas si de esta esperanza
alguien cortase el hilo,
quiebre un golpe a la vez,
(lo quiero y ruego), la hebra de mi vida
y la amorosa en mí fuerte atadura.

XLII

Questa è la prima di tre sorelle, scritte a Madama Leonora da Este sua singularissima padrona e benefattrice, la quale con danno universale sendo stata lungo tempo inferma, dava in quel tempo che fu fatta questa canzone, speranza di riconvalersi; l'altre due sorelle, non sendo ancora ridutte a buon termine, non si vedranno per hora con queste compositioni.

Mentre ch'a venerar movon le genti
il tuo bel nome in mille carte accolto,
quasi in sacrato tempio idol celeste;
e mentre ch'ha la Fama il mondo volto
a contemplarti, e mille fiamme ardenti
d'immortal lode in tua memoria ha deste;
deh, non sdegnar ch'anch'io te canti, e 'n queste
mie basse rime volontaria scendi,
né sia l'albergo lor da te negletto:
ch'anco sott'humil tetto
s'adora Dio, cui d'assembrarti intendi,
né sprezza il puro affetto
di chi sacrar face mortal gli suole,
benché splenda in sua gloria eterno il sole.

XLII

Esta es la primera de tres hermanas[41] *escritas a la señora Leonora de Este, su singularísima patrona y benefactora, quien, con daño universal, habiendo estado enferma largo tiempo, daba, en el tiempo en que fue compuesta esta canción, esperanza de recuperarse; las otras dos hermanas, no habiendo sido conducidas todavía a buen término, no se verán por el momento junto a estas composiciones.*

Mientras que a venerar marchan las gentes
tu bello nombre en mil escritos puesto,
igual que en templo un ídolo celeste;
y mientras que la Fama ha hecho que el mundo
se gire a contemplarte, y mil ardientes
llamas de inmortal loa ha despertado;
no desdeñes que incluso yo, ay, te cante,
y a mis humildes versos libremente
desciende pues, sin despreciar su albergue,
que bajo pobre techo es adorado
también Dios, a quien quieres semejarte,
y el fervor no desprecia
de quien le suele consagrar candelas,
bien que brille en su gloria el sol eterno.

[41] Proyecto nunca realizado por Tasso.

Forse, come talhor candide e pure
rende Apollo le nubi, e chiuso intorno
con lampi non men vaghi indi traluce,
così vedrassi il tuo bel nome adorno
splender per entro le mie rime oscure
e 'l lor fosco illustrar con la sua luce;
e forse anco per sé tanto riluce
ch'ov'altri in parte non l'asconda, e tempre
l'infinita virtù de' raggi sui,
occhio non fia che 'n lui
fiso mirando non s'abbagli e stempre:
onde, perch'ad altrui
col suo lume medesmo ei non si celi,
ben dei soffrir ch'io sì l'adombri e veli.

Né spiacerti anco dee che solo in parte
sia tua beltà ne' miei colori espressa
da lo stil, ch'a tant'opra audace move:
però che s'alcun mai quale in te stessa
sei, tal ancor ti ritrahesse in carte,
chi mirar osaria forme sì nove
senza volger per tema i lumi altrove?
O chi mirando folgorar gli sguardi
degli occhi ardenti, e lampeggiar il riso,
e 'l bel celeste viso
quinci e quindi aventar fiammelle e dardi,
non rimarria conquiso,
bench'egli prima in ogni rischio audace
non temesse d'Amor l'arco e la face?

Igual que, a veces, cándidas y puras
vuelve Apolo las nubes, y, encerrado,
con rayo igual de hermoso resplandece,
así se habrá de ver tu ornado nombre
brillar detrás de mis oscuros versos
con su luz ilustrando su negrura;
y quizás por sí mismo tanto luce,
que si alguno no esconde y templa en parte
el poder infinito de sus rayos,
ojo no habrá que en él
mirando fijo no se ciegue y dañe.
Así, porque no tenga
con su luz propia que celarse a otros,
debe sufrir que lo oscurezca y vele.

Ni disgustarte habrá que solo en parte
tu belleza reflejen los colores
de mi pincel, que a tal obra se atreve;
porque si alguien, un día, cual tú misma
eres, te figurase en un escrito,
¿quién mirar osaría algo tan nuevo
sin apartar por el temor la vista?
¿O quién fulgurar viendo las miradas
de los ojos y el rayo de la risa,
y la celeste faz
aquí y allá lanzar llamas y dardos,
no sería vencido,
aunque en otros audaces riesgos antes
no temiera de Amor arco ni antorcha?

E certo il primo dì che 'l bel sereno
de la tua fronte agli occhi miei s'offerse
e vidi armato spatiarvi Amore,
se non che riverenza allhor converse,
e meraviglia, in fredda selce il seno,
ivi peria con doppia morte il core;
ma parte degli strali e de l'ardore
sentii pur anco entro 'l gelato marmo:
e s'alcun mai per troppo ardire ignudo
vien di quel forte scudo,
ond'io dinanzi a te mi copro et armo,
sentirà 'l colpo crudo
di tue saette, et arso al fatal lume
giacerà con Fetonte entro 'l tuo fiume.

Ché per quanto talhor discerne e vede
de' secreti di Dio terrena mente
che da Febo rapita al ciel se 'n voli,
providenza di Giove hora consente
che 'nterno duol con sì pietose prede
le sue bellezze al tuo bel corpo involi:
ché se l'ardor de' duo sereni soli
non era scemo, e 'ntepidito il foco
che ne le guance sovra 'l gel si sparse,
incenerite et arse
morian le genti, e non v'havea più loco
di riverenza armarse,
e, ciò che 'l Fato pur minaccia, allhora
in faville converso il mondo fora.

Cierto, que el primer día en que el sosiego
de tu frente ofrecióseme a los ojos
y vi a Amor armado rodearla,
si entonces el respeto no volviera,
y el prodigio, fría piedra el seno,
el corazón sufriera doble muerte;
mas parte del ardor y de las flechas
sentí yo aun dentro del helado mármol.
Y si, por osadía, desprovisto
viene alguien del escudo
con el cual ante ti me cubro y armo,
sentirá el recio golpe de tus flechas
y por la luz fatal él abrasado,
con Faetonte yacerá en tu río[42].

Porque, por cuanto a veces ve y discierne
del arcano de Dios la mente nuestra,
que por Febo raptada vuela al cielo,
providencia de Jove ya consiente
que un dolor interior, dignas de lástima,
a tu cuerpo le robe sus bellezas;
que si el ardor de dos serenos soles
no decreciera, y se entibiase el fuego
que hay sobre el hielo de las dos mejillas,
hecha ceniza y brasas
moriría la gente, y no sirviera
armarse de respeto
y, eso con lo que el Hado ya amenaza[43],
el mundo en chispas se convertiría.

---

[42] El Po, el río del mito que pasa por Ferrara.
[43] La recuperación de Leonora.

Ond'ei che prega il ciel che nel tuo stato
più vago a lui ti mostri, e ch'homai spieghi
la tua beltà, che 'n parte ascosa hor tiene,
come incauto non sa che ne' suoi preghi
non chiede altro che morte? E ben il fato
di Semele infelice hor mi soviene
che 'l gran Giove veder de le terrene
forme ignudo bramò, come de' suoi
nembi e fulmini cinto in sen l'accoglie
chi gli è sorella e moglie;
ma sì gran luce non sostenne poi:
anzi sue belle spoglie
cenere fersi, e nel suo caso reo
né Giove stesso a lei giovar poteo.

Ma che? forse sperar anco ne lice
che se ben dono ond'arda e si consumi
tenta impetrar con mille preghi il mondo,
potrà poi anco al sol di duo be' lumi
rinovellarsi in guisa di Fenice
e rinascer più vago e più giocondo,
e quanto ha del terreno e de l'immondo
tutto spogliando, più leggiadre forme
vestirsi: e ciò par ch'a ragion si spere
da quelle luci altere,

Y así quien ruega al cielo que en estado
más hermoso te muestres y despliegues
tu belleza, que tiene en parte oculta,
incauto, ¿no conoce que en sus ruegos
tan solo muerte pide? Y bien el hado
de Semele infeliz recuerdo ahora
que al gran Júpiter ver de las terrenas
formas desnudo deseó, tal como
entre rayos y nubes bien lo acoge
quien le es mujer y hermana[44].
Mas después luz tan grande no sostuvo;
más bien, sus bellas vestes
fueron ceniza y, en su triste caso,
ni el mismo Jove pudo serle ayuda.

¿Mas qué? Quizá esperar aún es lícito
que, si bien don con que arda y se consuma
busca obtener con mil ruegos el mundo,
podrá después al sol de esas dos luces[45]
renovarse al igual que el ave Fénix
y renacer más bello y más alegre,
y de lo terrenal y de lo inmundo
despojándose, formas más graciosas
vestirse. Y eso con razón se espera
de esas luces[45] altivas,

[44] La diosa Juno.
[45] Los ojos de la dama.

ch'esser dee l'opra a la cagion conforme;
né già si puon temere
da beltà sì divina effetti rei,
ché vital è 'l morir, se vien da lei.

Canzon, deh, sarà mai quel lieto giorno
che 'n que' begli occhi le lor fiamme prime
raccese io veggia, e ch'arda il mondo in loro?
Ch'ivi, qual foco l'oro,
anch'io purgarei l'alma, e le mie rime
foran d'augel canoro,
ch'or son vili e neglette, se non quanto
costei le onora col bel nome santo.

que ha de ser obra a la ocasión[46] conforme;
ni se pueden temer
de beldad tan divina efectos viles,
que es vital el morir si viene de ella.

Canción, ay, ¿llegará el alegre día
que en esos ojos las primeras llamas
reencendidas vea y arda el mundo?
Que allí, cual fuego el oro,
también el alma purgaré y mis rimas
serán de ave canora,
descuidadas y pobres hoy, excepto
si ella las honra[47] con su santo nombre.

---

[46] En la acepción de causa, motivo. Del mismo modo, «obra» tiene el significado de «efecto».

[47] En italiano «le onora», que suena de modo idéntico al nombre de la destinataria de la presenta canción.

ÍNDICE

Esta primera edición de *Poemas etéreos*
se acabó de imprimir en Madrid,
el día 23 de enero de 2025,
Día Mundial de la Libertad.